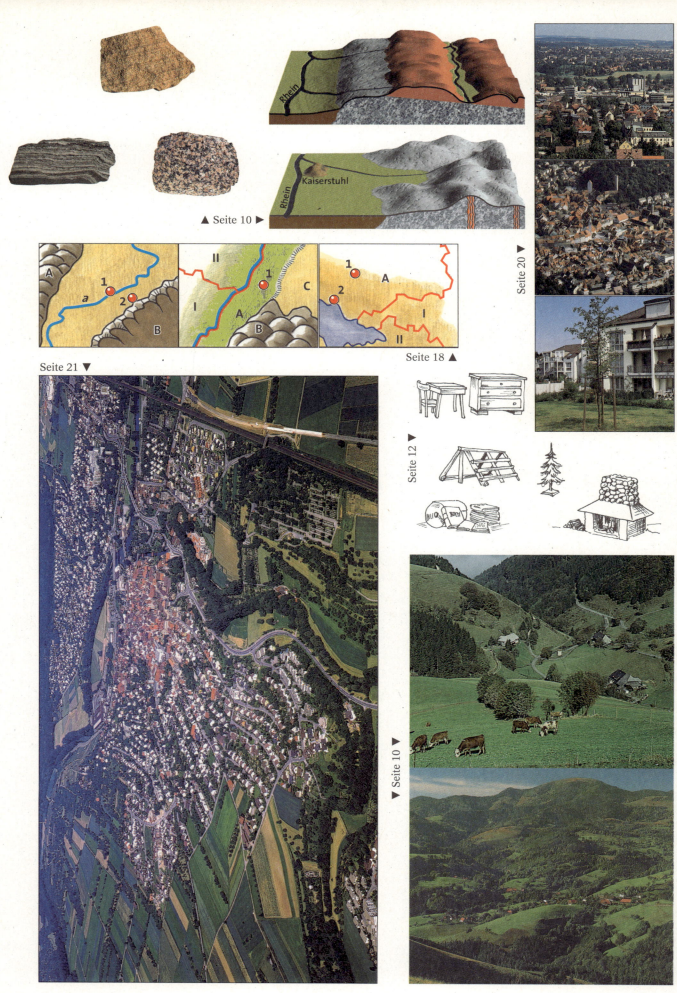

▲ Seite 10 ▶

Seite 20 ▼

Seite 21 ▼

Seite 18 ▲

Seite 12 ▼

▼ Seite 10 ▼

TERRA Arbeitsheft
Baden-Württemberg Gymnasium 5 ISBN 3-623-27815-7

© Justus Perthes Verlag Gotha GmbH, 2001.

Wir basteln einen Globus

Male die Kontinente und Ozeane farbig an (braun/blau). Schneide dann die Zeichnung aus und klebe den Globus zusammen.

TERRA Arbeitsheft
Baden-Württemberg Gymnasium 5 ISBN 3-623-27815-7

© Justus Perthes Verlag Gotha GmbH, 2001.

Erdkunde - dein neues Fach

❶
Im Fach Erdkunde lernst du viel Interessantes kennen. Folgende Abbildungen zeigen dir hierzu Beispiele. Finde jeweils den Begriff und löse damit das Kreuzworträtsel.

2

4 (Plural)

3

6 (Plural)

1 (Plural)

4

5 (Plural)

5

6

❷
Wo leben die Kinder? Vervollständige mithilfe deines Schulbuches die Tabelle.

Bildnummer im Schulbuch	Land	Besonderheiten des Landes	Kontinent
2			
3	Russland		
4		Land mit dem größten Regenwaldgebiet der Erde	
5			
6			
7			Australien

Orientieren 1

Sarah wohnt in Möckmühl, eine Stadt mit einem mittelalterlichen Stadtkern. Sarah wohnt nahe dem Götzenturm im Schlossweg. Weil sie krank ist, bringt Simone ihr nach Schulschluss von der Schule aus (Lehlestraße) die Hausaufgaben.

❶ Beschreibe den Weg, den Simone nehmen muss, um auf dem kürzesten Weg zu Sarah zu kommen.

_____
_____
_____
_____

❷ Auch Marc kommt mit dem Zug, um Sarah zu besuchen. Schreibe auf, welchen Weg er vom Bahnhof aus zu Sarah nehmen muss.

_____

❸
a) Als die Klasse 6c des Gymnasiums auf den Götzenturm steigt, sieht Ben das Rathaus und die Kirche und Roland guckt zu seiner Schule hinüber. Kerstin entdeckt über die Häuserdächer hinweg ein Stück der Kreiskrankenhaus, während Monika Ruderboote auf der Jagst beobachtet. In welche Himmelsrichtungen sehen die vier Kinder von der Burg aus?

Ben sieht nach: _____   Roland sieht nach: _____

Kerstin sieht nach: _____   Monika sieht nach: _____

b) In welchen Planquadraten liegen die Gebäude? Arbeite auch mit deinem Schulbuch.

Burg	Kreiskrankenhaus	Katholisches Freizeitzentrum	Götzenturm

Bahnhof	Stadthalle	Evangelisches Gemeindezentrum	Polizei

c) In welchen Planquadraten liegen folgende Straßen und Plätze?

Lehlestraße	_____	Friedhof	_____
Züttlinger Straße	_____	Tennisplatz	_____
Parkplatz Sielostraße	_____	Sportheim	_____

Orientieren 2

❶

Florian war immer schon ein neugieriger Junge. Seit Tagen geht ihm das Gespräch seines Bruders Tom nicht mehr aus dem Kopf, in dem Thomas seinem Freund den Weg zum Schatz verraten hatte, den er an einem sicheren Ort versteckt habe. Nein, eigentlich wollte Florian gar nicht lauschen - aber „es kann nicht schaden, die Ohren immer weit aufzusperren", hatte er gedacht. Man weiß ja nie, und einen Schatz wollte er schon immer mal finden. Leider hat Thomas den Weg mit Hilfe von Himmelsrichtungen beschrieben. Ob du Florian bei der Suche helfen kannst?

Was musst du tun?

Du beginnst auf dem Startfeld und läufst dann von Feld zu Feld (siehe Wegweiser), indem du mit dem Bleistift, die Felder verbindest. Der Kompass weist dir dabei den Weg (N, S, W, O, NW, NO, SW, SO). Wenn du auf ein neues Feld kommst, schreibe den Buchstaben unten in das Lösungsfeld. Wenn du richtig gelaufen bist, weißt du nachher, was sich hinter dem großartigen Schatz verbirgt. Ob Florian glücklich ist, den Schatz gefunden zu haben?

Der Schatz-Wegweiser

1. Du beginnst mit deiner Suche (Start) und läufst nach Osten (schreibe den Buchstaben des Feldes in das Lösungsfeld).
2. Weiter geht es in südwestliche Richtung.
3. Hier zeigt der Kompass nach Süden.
4. Du gönnst dir eine kleine Pause. Danach geht es in nordöstliche Richtung,
5. und dann weiter nach Osten. Seltsam, hoffentlich hat Florian sich nicht verhört.
6. Der Kompass zeigt nach Nordost.
7. Ob es ein Irrweg war? Die Kompassnadel weist tatsächlich in südöstliche Richtung.
8. Das ist gut: Der Weg auf dem du läufst ist abschüssig. Du kannst schnell nach Süden laufen, wobei du ein Feld überspringst.
9. Weiter geht es nach Südwesten.
10. Dein Kompass zeigt in westliche Richtung.
11. Immer noch bist du fest entschlossen, den Schatz zu finden. Wenn du jetzt nach Nordwesten läufst
12. und danach direkt nach Norden, liegt der Schatz unmittelbar vor dir.

Sicherlich kannst du Florian erklären, warum es wichtig ist, solch einen Schatz zu hüten.

Start	B	A	E	G
U	C	H	E	R
E	E	H	N	Z
I	T	B	W	K
S	N	S	I	T

Der Schatz ist eine: _ _ _ _ _ _ _ _ _ _ _

Höhenlinien und Höhenprofil

Auf dem Weg zur Burg Schönblick stehen Nicole und Martin an einer Weggabelung.

"Ich möchte möglichst schnell zur Burg."

"Und ich lieber bequem!"

❶
Arbeite mit der Höhenlinienkarte.

a) Welchen Weg wird Nicole wohl nehmen? _____

Welchen Weg wird Martin wohl nehmen? _____

b) Kennzeichne auf beiden Wegen das steilste Stück rot, das flachste Stück grün.

c) Ergänze den Text: Liegen in der Karte die Höhenlinien eng beieinander, dann ist das Gelände sehr _____ .

Je größer der Abstand der Höhenlinien voneinander ist, desto _____ ist das Gelände.

Verläuft ein Weg parallel zu den Höhenlinien, bedeutet das, dass er _____ .

❷
Vervollständige das Höhenprofil.

a) Markiere in der Karte die Schnittpunkte der Höhenlinien mit der Strecke AB.

b) Zeichne von jedem Schnittpunkt aus eine senkrechte gestrichelte Linie bis zur zugehörigen Höhenlinie im Kasten. (Markiere die Auftreffpunkte rot.)

c) Verbinde nun diese roten Punkte. Fertig ist dein Höhenprofil!

Planet Erde

❶
Kennst du die neun Planeten des Sonnensystems? Nenne ihre Namen.

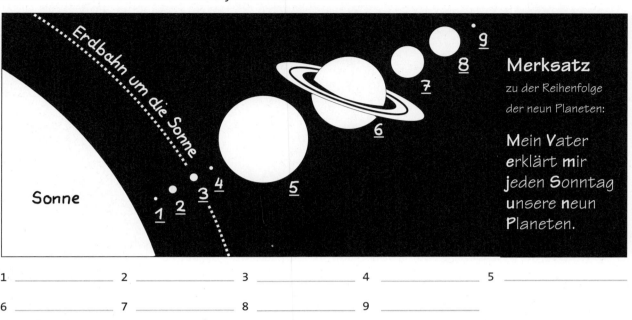

Merksatz zu der Reihenfolge der neun Planeten:

Mein **V**ater **e**rklärt **m**ir **j**eden **S**onntag **u**nsere **n**eun **P**laneten.

1 _____ 2 _____ 3 _____ 4 _____ 5 _____

6 _____ 7 _____ 8 _____ 9 _____

❷
Ergänze den Lückentext.

Für einen Umlauf um die Sonne benötigt die Erde _____ Tage oder ein _____ .

Anmerkung: Die Umlaufzeit ist in Wirklichkeit 1/4 Tag (ca. 6 Stunden) länger. Deshalb wird jedes vierte Jahr ein Tag zusätzlich eingefügt. Diesen Tag nennt man Schalttag; es ist der _____ Februar.

Jahre mit einem Schalttag nennt man _____ , z. B. die Jahre 2000, 2004, 2008, _____

❸
Wir demonstrieren, wie Tag und Nacht entstehen.
a) Führt die Demonstration in der Klasse durch.
b) Färbe am Globus die Tag-hälfte gelb und die Nacht-hälfte grau ein.
c) Ergänze den Lückentext.

Vom Sonnenlicht wird immer nur eine Erdhälfte beleuchtet. Dort ist dann _____ , in der anderen Hälfte ist _____ . Die Erde dreht sich um ihre _____ (=Erdrotation), und zwar von _____ nach _____ . Für eine Umdrehung benötigt sie _____ Stunden. Durch die Erddrehung ändert sich die Verteilung von Tag und Nacht auf der Erdoberfläche ständig.

Kontinente und Ozeane

❶ Trage die Namen für die Kontinente und Ozeane in die Weltkarte ein. Benutze den Atlas.

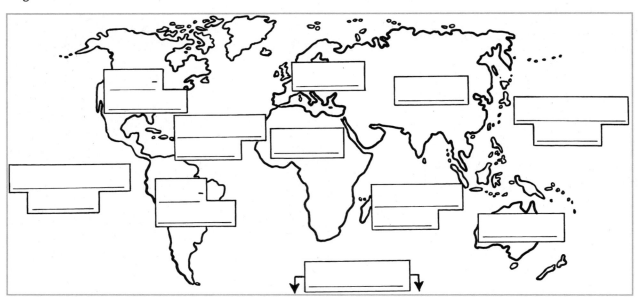

❷ Ordne die Kontinente und Ozeane nach ihrer Größe.

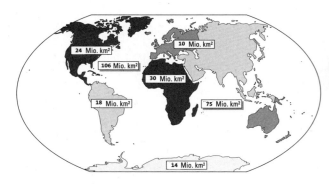

❸ Erkennst du sie wieder?

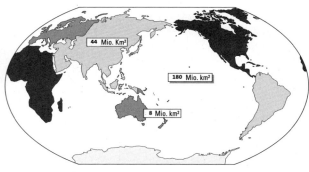

Kontinente   Ozeane

1 _____   1 _____

2 _____

3 _____   2 _____

4 _____

5 _____   3 _____

6 _____

7 _____

Am Atlantischen Ozean liegen die Kontinente

_____ , _____ , _____ ,

_____ und die _____ .

Am Pazifischen Ozean liegen die Kontinente

_____ , _____ , _____

und die _____ .

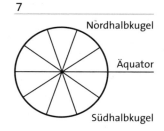

❹
a) Färbe in der Abbildung die Anteile der Wasser- und Festlandsfläche wie im Buch ein.
b) Vervollständige mithilfe der Abbildung den Text:

Etwa ___/10 der Erdoberfläche sind Landflächen, etwa ___/10 sind Wasserflächen.

Auf der Nordhalbkugel ist mehr _____ fläche als auf der Südhalbkugel.

Mit dem Atlas arbeiten

❶
Tal des Todes (Death Valley)
Es ist lebensgefährlich, in das Tal zu reisen. Dort ist es sehr trocken und heiß. Um den Rekord der bisher höchsten gemessenen Lufttemperatur wetteifert das Tal des Todes mit dem Ort „El Azizia" in der Libyschen Wüste.
Death Valley am 10.07.1913 56,7 °C
El Azizia am   13.09.1922 58,0 °C

a) Suche mithilfe des Namenregisters im Atlas eine Karte zum Tal des Todes.
b) Entnehme der Karte folgende Angaben.

Staat: _____

Höhenlage des Tales: _____

Teil welcher Wüste: _____

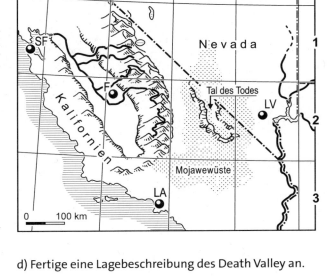

c) Aufgaben zur obenstehenden Karte.

In welchem Kartenteil liegt das Tal? _____

Zu welchem Bundesstaat gehört es? _____

Bestimme die Namen der vier Städte:

F _____ LA _____

LV _____ SF _____

d) Fertige eine Lagebeschreibung des Death Valley an.

❷
Zu welchen Kontinenten und Staaten gehören diese Kartenausschnitte?

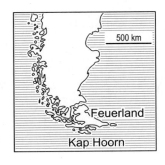  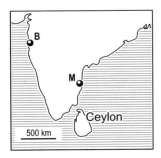 

Kontinent:

Staaten:

Klimadiagramme zeichnen

❶ Zeichne das Klimadiagramm für die Station Karlsruhe (115 m).

	J	F	M	A	M	J	J	A	S	O	N	D	Jahr
°C	1	2	6	10	14	18	20	19	15	10	5	2	
mm	66	56	43	59	66	84	76	80	66	56	57	52	

❷ Berechne die Jahresmitteltemperatur und den Jahresniederschlag für die Station Karlsruhe und ergänze die Werte in der Tabelle und im Klimadiagramm.

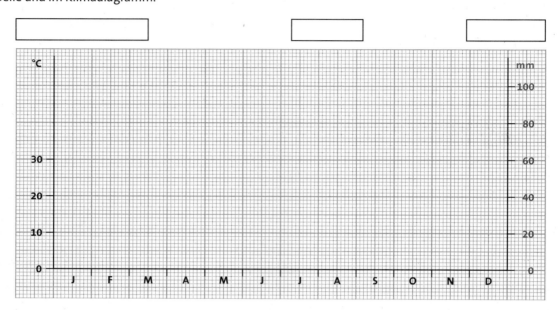

❸ Werte die Klimadiagramme aus und ergänze.

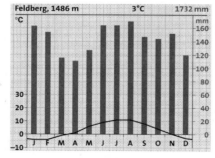

Name u. Höhe der Station:

Wärmster Monat und Monatsmitteltemperatur:

Kältester Monat und Monatsmitteltemperatur:

Jahresmitteltemperatur:

Beschreibe die Verteilung der Niederschläge:

Oberrheinisches Tiefland

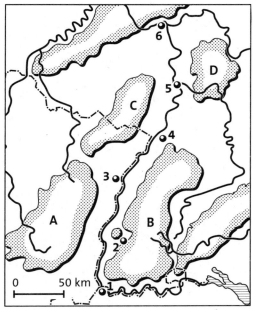

❶ Das Oberrheinische Tiefland im Überblick.
Benenne die Gebirge A bis D und die Städte 1 bis 6.

A _____   2 _____
B _____   3 _____
C _____   4 _____
D _____   5 _____
1 _____   6 _____

❷ Das Profil zeigt das Oberrheinische Tiefland vom Rhein bis zum Schwarzwald. Bezeichne die Gesteine (a bis e). Beschreibe das Aussehen der Landschaftszonen und wie diese genutzt werden.

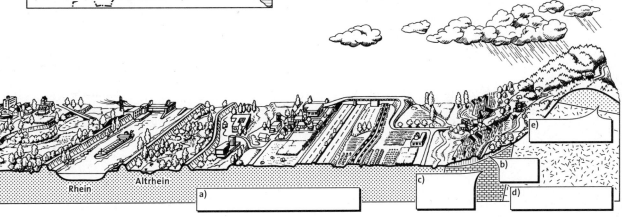

	Rheinniederung	Niederterrasse	Vorbergzone
Landschafts-zonen			hügelige Landschaft am Fuße des Mittelgebirge mit einem Mantel aus Löss
Landwirtschaft-liche Nutzung	Nutzung der Laubwälder an hochwasserfreien Standorten, Wiesen und Ackerbau		
Siedlungen und Verkehr		Verlauf der Hauptverkehrswege, zahlreiche Landgemeinden mit Gewerbebetrieben, Großstädte wie Karlsruhe und Mannheim mit Industrie, Verwaltungs- und Forschungseinrichtungen	

TERRA Arbeitsheft
Baden-Württemberg Gymnasium 5 ISBN 3-623-27815-7

A9

© Justus Perthes Verlag Gotha GmbH, 2001.

Im Schwarzwald

❶ Ergänze die Tabelle. Verwende dazu auch den Ausschneidebogen.

	Nordschwarzwald	Südschwarzwald
Foto		
Profilschnitt		
Bilder der Gesteine		
Gesteinsnamen		
Grund- oder Deckgebirge		
Form der Berge		
Höchster Berg		
Talformen		
Bodennutzung		

Aufgaben des Waldes

❶
Formuliere wichtige Aufgaben des Waldes und ordne diese jeweils der Schutz-, Erholungs- und Nutz-Funktion zu. Förster Göbel im Schulbuch hilft dir dabei.

Nutzung des Waldes

❶
Trage die folgenden Aussagen richtig in die Tabelle ein.
a) Suche zuerst die vier Aussagen heraus, die als Vorteile einer Fichtenmonokultur angesehen werden können und trage diese in die erste Spalte ein.
b) Ordne dann die übrigen Begriffe so in die Tabelle ein, dass jeweils Gegensatzpaare entstehen.

- bringen schnell Ertrag
- vielseitiger Lebensraum
- sturmgefährdet
- leichte Verarbeitung
- eintönig
- artenarm

- größere Sicherheit gegenüber Schädlingen und Krankheiten
- gerades Holz
- wenig Unterholz
- artenreich
- anfällig gegen Krankheiten und Schädlinge
- relativ sturmsicher

Vorteile von Fichtenmonokulturen	Nachteile von Fichtenmonokulturen	Vorteile der naturnahen Forstwirtschaft
	⟷	
	⟷	
	⟷	
	⟷	

❷
Vervollständige die Abbildung, die den Weg vom Setzling zum Endprodukt zeigt mit Bildern des Ausschneidebogens.

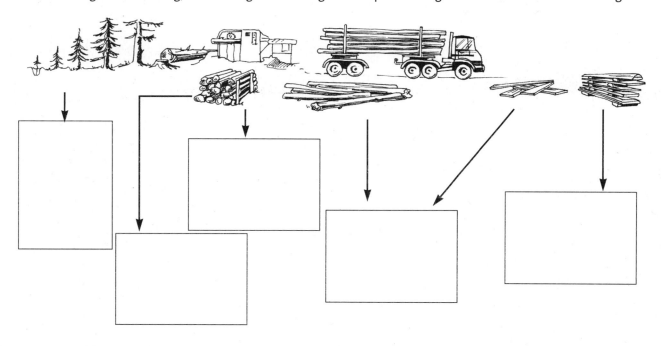

Spaß am

ERDKUNDE GANZ NEU ERLEBEN MIT KLETT-PERTHES

OKTOPUS

Spielend üben und verstehen

Wirklich motivierende Arbeitshefte mit vielseitigen Materialien zum Ausschneiden, Kleben, Rätseln, Ausmalen,… und spannenden Aufgaben, die es zu lösen gilt.

zum Preis je DM 9,90 € 5,06

Raumschiff Erde
Zukunft unseres Planeten 3-12-287846-1

Griechenland
Die Wiege der Demokratie 3-12-287849-6

Die Erben des Kolumbus
Vom Kolonialismus
zum Imperialismus 3-12-287848-8

Berlin, Berlin
Im Herzen keine Mauern (mit Musik-CD)
DM 11,90   € 6,08   3-12-287841-0

Boden, Luft und Wasser
Grundlagen des Lebens
auf der Erde 3-12-287845-3

Voilà la France
Auf Visite bei unseren Nachbarn 3-12-287835-6

Great, Britain!
Durch den Tunnel auf die Insel 3-12-287838-0

Kinder der Welt
Welt der Kinder 3-12-287825-9

Rund ums Wasser 3-12-287831-3

Unternehmen Wetterfrosch
Auf der Suche nach dem
Azorenhoch 3-12-287829-1

Unser aller Müll
Eine kleine Geschichte
des Hausmülls 3-12-287826-7

Richterskala 6.9
Die Erde bebt weiter 3-12-287836-4

Bananas Bananas
Auf den Spuren einer
tropischen Frucht 3-12-287828-3

Bullenstaub und Rinderzüge
Weltweite Weidewirtschaft 3-12-287832-1

Lebensraum Wald
Von Urwaldriesen und
Heimatbäumen 3-12-287843-7

Ägypten
Von Pharaonen, Pyramiden
und vom Nil 3-12-287839-9

Bei den Römern
Weltmacht am Mittelmeer 3-12-287842-9

MIT ALEX AUF REISEN

Auf Entdeckungsreise rund um die Welt

Die CD-ROM-Reihe, die nicht nur Geographieprofis begeistert. Ob du den Rhein entlang fährst, im Steinkohlebergwerk bist oder mit Alex durch die Wüste reist und dabei auch durch die Pyramiden von Ägypten wanderst, im Regenwald spazieren gehst und Abenteuer bei den Bantu erlebst – Alex ist immer mit von der Partie. Er hilft dir mehr über das Land und die Region zu erfahren. So kannst du in zahlreichen Videos Originalaufnahmen anschauen, Rätsel lösen oder die faszinierende Welt der Tiere, Menschen und Pflanzen erforschen.

Deutschland
3-12-465011-5   DM 99,--   € 50,62

In den Regenwald
3-12-465020-4   DM 69,--   € 35,28

In die Wüste
3-12-465030-1   DM 69,--   € 35,28

FLAGGENATLAS

Schnell und sicher Wissen überprüfen

Haack FlaggenAtlas Erde

Weißt du wofür die Sterne in der amerikanischen Flagge stehen, warum in der türkischen Flagge ein Halbmond und ein Stern abgebildet sind, oder wieso die Flagge von Libyen einfach nur grün ist? Dann schau doch einfach mal im FlaggenAtlas nach. Zu jedem Land gibt es Informationen zur Größe, die Nennung der Hauptstadt und eine Erklärung zur Bedeutung der Flagge.

3-623-46130-x   DM 14,80   € 7,57

Lernen

VEREINIGTE STAATEN VON AMERIKA (USA)

Fläche
9 809 431 km²

Hauptstadt
Washington

Die Flagge ist seit dem 14.6.1777 eingeführt.
13 waagerechte Streifen, abwechselnd in den Farben Rot und Weiß.
Im oberen Eck an der Stangenseite auf blauem Grund 50 weiße Sterne.

Bedeutung:
Die Streifen stellen die 13 Kolonien dar, die sich im amerikanischen Unabhängigkeitskrieg von Großbritannien lossagten.
Die Zahl der Sterne entspricht der Anzahl der Bundesstaaten.

BESTELLKARTE

Ich bestelle zu den angegebenen Bezugsbedingungen:

- ☐ 3-623-27816-5 Landeskunde Baden-Württemberg DM 12,80 / € 6,58
- ☐ 3-623-46130-x Haack FlaggenAtlas Erde DM 14,80 / € 7,57

Aus der CD-ROM-Reihe „Mit Alex auf Reisen"

- ☐ 3-12-465011-5 Deutschland DM 99,-- / € 50,62
- ☐ 3-12-465020-4 In den Regenwald DM 69,-- / € 35,28
- ☐ 3-12-465030-1 In die Wüste DM 69,-- / € 35,28

Aus der Reihe „Oktopus Unterrichtsbausteine"

- ☐ 3-12-287846-1 Raumschiff Erde DM 9,90 / € 5,06
- ☐ 3-12-287841-0 Berlin, Berlin (mit Musik-CD) DM 11,90 / € 6,08
- ☐ 3-12-287845-3 Boden, Luft, Wasser DM 9,90 / € 5,06
- ☐ 3-12-287825-9 Kinder der Welt DM 9,90 / € 5,06
- ☐ 3-12-287829-1 Unternehmen Wetterfrosch DM 9,90 / € 5,06
- ☐ 3-12-287826-7 Unser aller Müll DM 9,90 / € 5,06
- ☐ 3-12-287836-4 Richterskala 6.9 DM 9,90 / € 5,06
- ☐ 3-12-287843-7 Lebensraum Wald DM 9,90 / € 5,06

Außerdem bestelle ich – bitte Bestellnummer ohne Bindestriche eintragen (wie Beispiel unten):

Ausfüllbeispiel: Tragen Sie alle Ziffern der Bestellnummer (ISBN) ohne Bindestriche in ein Feld ein (die letzte Stelle kann ein „x" sein). Für 3-12-824510-x schreiben Sie:

`3 1 2 8 2 4 5 1 0 X`

D * 46689

Bitte Absender (Rückseite) nicht vergessen

BESTELLKARTE

Ich bestelle zu den angegebenen Bezugsbedingungen:

- ☐ 3-623-27816-5 Landeskunde Baden-Württemberg DM 12,80 / € 6,58
- ☐ 3-623-46130-x Haack FlaggenAtlas Erde DM 14,80 / € 7,57

Aus der CD-ROM-Reihe „Mit Alex auf Reisen"

- ☐ 3-12-465011-5 Deutschland DM 99,-- / € 50,62
- ☐ 3-12-465020-4 In den Regenwald DM 69,-- / € 35,28
- ☐ 3-12-465030-1 In die Wüste DM 69,-- / € 35,28

Aus der Reihe „Oktopus Unterrichtsbausteine"

- ☐ 3-12-287846-1 Raumschiff Erde DM 9,90 / € 5,06
- ☐ 3-12-287841-0 Berlin, Berlin (mit Musik-CD) DM 11,90 / € 6,08
- ☐ 3-12-287845-3 Boden, Luft, Wasser DM 9,90 / € 5,06
- ☐ 3-12-287825-9 Kinder der Welt DM 9,90 / € 5,06
- ☐ 3-12-287829-1 Unternehmen Wetterfrosch DM 9,90 / € 5,06
- ☐ 3-12-287826-7 Unser aller Müll DM 9,90 / € 5,06
- ☐ 3-12-287836-4 Richterskala 6.9 DM 9,90 / € 5,06
- ☐ 3-12-287843-7 Lebensraum Wald DM 9,90 / € 5,06

Außerdem bestelle ich – bitte Bestellnummer ohne Bindestriche eintragen (wie Beispiel unten):

Ausfüllbeispiel: Tragen Sie alle Ziffern der Bestellnummer (ISBN) ohne Bindestriche in ein Feld ein (die letzte Stelle kann ein „x" sein). Für 3-12-824510-x schreiben Sie:

`3 1 2 8 2 4 5 1 0 X`

D * 46689

Bitte Absender (Rückseite) nicht vergessen

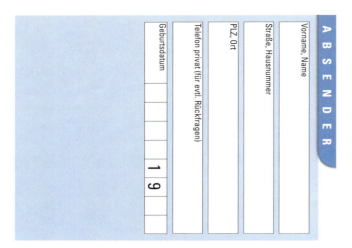
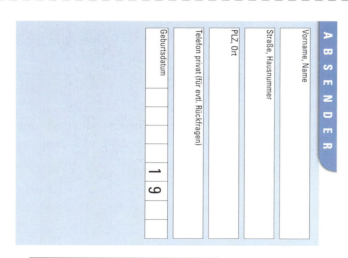

Service :-)

Klett-Perthes
Gotha und Stuttgart
Postfach 10 60 16
70049 Stuttgart

Telefonische Bestellungen und persönliche Beratung:
0711/6672-1333
Sie erreichen uns montags bis samstags von 7 bis 22 Uhr!

Bestellungen und Anfragen über Fax:
0711/6672-2080

www.klett-verlag.de/klett-perthes

Bezugsbedingungen:
Alle Titel sind auch über den Buch- bzw. Fachhandel erhältlich. Unverbindliche Preisempfehlung, Preise freibleibend, Stand 2001. Die Euro-Preise gelten nur für die Bundesrepublik Deutschland. Die Lieferung erfolgt auf Rechnung (Preise zzgl. Portokosten).

Illustrationen: Steffen Butz, Karlsruhe

Unser Software-Service

Systemvoraussetzungen

Zeichenerklärung:

 Multimedia-PC: mind. 486er, Win 3.1/3.11, 95, 98; 8 MB Arbeitsspeicher (RAM), 10 MB Festplattenspeicher (HD), VGA/SVGA (256 Farben), CD-ROM-Laufwerk, soundblaster-kompatible Soundkarte mit Lautsprechern oder Kopfhörern. Bei Programmen mit Internetnutzung wird ein Modem oder ein ISDN-Anschluss benötigt.

 Mac: 68040 Prozessor, MAC OS System 7.0, 8 MB Arbeitsspeicher (RAM), CD-ROM-Laufwerk.

 CD-ROM

Fragen zur Software

Falls Sie sich über Klett-Software detailliert informieren möchten:

Tel. 07 11 / 66 72-13 33

Oder Sie schicken uns eine E-Mail:

klett-infoline@klett-mail.de

Falls Sie technische Fragen zu bereits kaufter Klett-Software haben, können uns ebenfalls per E-Mail erreichen unter

klett-hotline@klett-mail.de

Besuchen Sie uns auch im Internet – es lohnt sich:

www.klett-verlag.de/klett-perthes

Schwäbische Alb 1

❶
Die Schwäbische Alb im Überblick.
a) Gestalte die Karte farbig:
   - Albhochfläche und Vorberge (braun)
   - Albvorland (gelb)
   - Flüsse (blau)
   - Städte (rot)
b) Benenne die Flüsse a und b, die Landschaften A bis C und die Städte 1 bis 6.

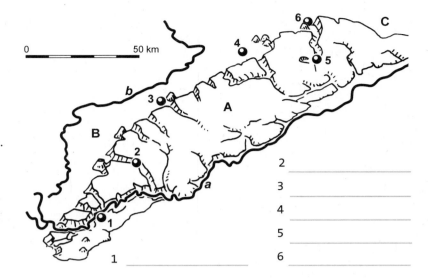

a _____
b _____
A _____
B _____
C _____

1 _____
2 _____
3 _____
4 _____
5 _____
6 _____

❷
Das Profil zeigt die Schwäbische Alb von Nord nach Süd. Beschrifte das Profil und ergänze die Tabelle, indem du die Landschaften und deren Nutzungen beschreibst.

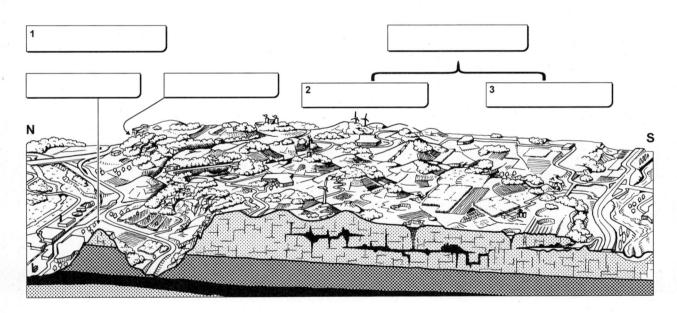

1	2	3

TERRA Arbeitsheft
Baden-Württemberg Gymnasium 5 ISBN 3-623-27815-7

A 13

© Justus Perthes Verlag Gotha GmbH, 2001.

Schwäbische Alb 2

❶
Benenne die Karstformen und das Gestein, die im Blockbild dargestellt sind.

A _____
B _____
C _____ mit
_____
D _____
E _____
F _____

❷
Wie Karsthöhlen entstehen. Bringe die Sätze in die richtige Reihenfolge. Ob du richtig gearbeitet hast, verrät dir das Lösungswort.

• Das Sickerwasser sammelt sich auf wasserundurchdringlichen Schichten.	**S**
• Kohlensäurehaltiges Regenwasser dringt in die Risse ein.	**R**
• Es entstehen unterirdische Wasserläufe (Bäche).	**T**
• Das Regenwasser kann dadurch immer schneller versickern.	**F**
• Die unterirdischen Bäche schaffen immer größere Hohlräume, die im Laufe der Jahrtausende zu wasserführenden Höhlen werden.	**E**
• Das Kalkgestein der Schwäbischen Alb ist von feinen Rissen durchzogen.	**T**
• Das eindringende kohlensäurehaltige Wasser löst Kalkstein und verbreitet die Risse zu Spalten und Klüften.	**OP**
• Sinkt der unterirdische Wasserspiegel ab, so werden aus wasserführenden Höhlen Trockenhöhlen.	**IN**

Lösungswort: _____

❸
a) Bezeichne die Tropfsteine.   b) Beschreibe die Entstehung der Tropfsteine.

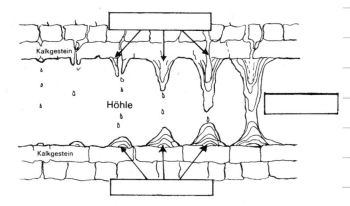

Oberschwaben/Bodensee/Allgäu

❶
Gestalte die Abbildung farbig und setze die Begriffe an die entsprechenden Stellen.
Moräne, gerundete Steine, Schotterfläche, kantige Steine, Zungenbeckensee

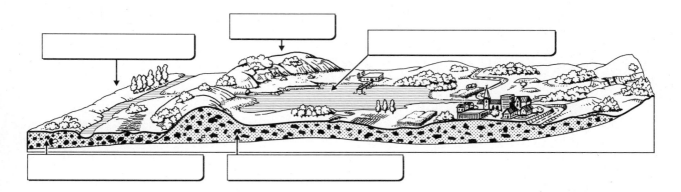

❷
Setze in den Lückentext die richtigen Begriffe ein.

Vor 16 000 Jahren waren die Temperaturen um einiges niedriger als heute. Es herrschte eine _____ .

In den _____ bildeten sich _____ , die weit ins _____

hinaus drangen. Dort lagerten sie an ihrem Ende aus den mitgeführten Steinen _____ ab. Als es wieder

_____ wurde, schmolz das Eis. In den _____ sammelte sich das Wasser.

Über die Moränen floss es ins Vorland. Dort lagerte es Steine ab, es entstanden die _____ .

Schotter, Vorland, Zungenbecken, Moränen, wärmer, Kaltzeit, Alpen, Gletscher

❸
Beschrifte die in der Karte eingetragenen Städte (rot), Flüsse und Seen (blau) sowie Landschaften (schwarz).

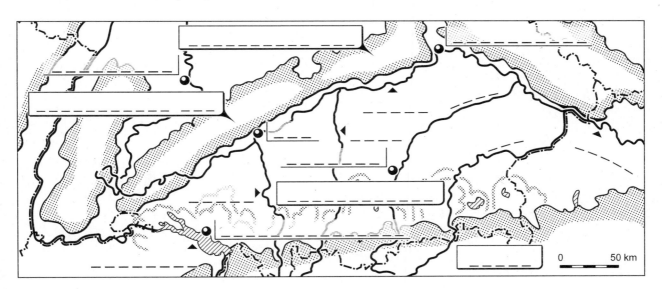

Grünlandwirtschaft

❶
Die Klimatabellen gehören zu Ulm (552 m) und Isny (712 m). Zeichne von beiden Klimastationen das Klimadiagramm an der entsprechenden Stelle und begründe deine Zuordnung.

	J	F	M	A	M	J	J	A	S	O	N	D	Jahr
°C	-3	-1	2	6	11	14	16	15	12	8	2	-2	7
mm	114	102	105	132	152	176	171	170	129	100	126	124	1601

	J	F	M	A	M	J	J	A	S	O	N	D	Jahr
°C	-2	0	4	8	12	15	17	17	13	8	3	-1	8
mm	48	44	44	58	77	100	81	83	61	48	56	50	750

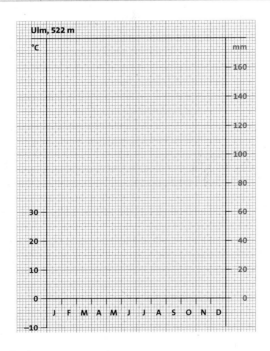
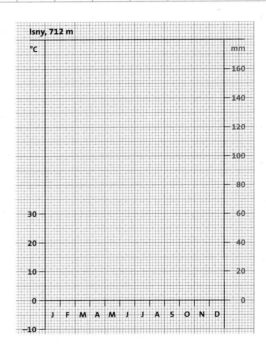

Begründung: _____

❷
Löse das Rätsel.

1. Grasfläche, auf die das Vieh zum Weiden geführt wird
2. Eiweißkörper, macht aus der Milch Käse
3. Gerät, das dem Bauern beim Melken hilft
4. Fläche, auf der das Gras gemäht wird
5. Stall, in dem sich die Rinder frei bewegen können
6. Milchprodukt, vor allem als Brotbelag verwendet
7. junges Rund
8. Betrieb, indem Milch verarbeitet wird
9. getrocknetes Gras
10. „Weißer Käse"

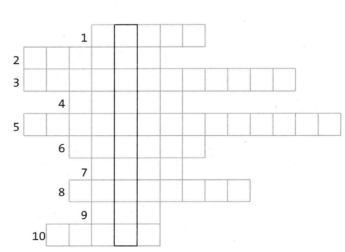

Topographie Baden-Württemberg 1

❶ Ergänze die Angaben.

Das ist die Stadt _____ .

Sie liegt in der _____

- Ecke von Baden-Württemberg. Hier mündet der

_____ in den

_____ . Westlich dieser

Stadt auf der _____

Seite des _____

befindet sich _____

_____ im Bundesland

_____ .

Nördlich unserer Stadt liegt das Bundesland

_____

❷
a) Gestalte die Karte farbig: Mittelgebirge (braun), Tiefländer (zartgrün), die übrigen Gebiete (gelb), Flüsse (blau), Städte und Landesgrenzen (rot)
b) Beschrifte jeweils nach Bearbeitung der Aufgaben die Karte und trage die entsprechenden Städte, Flüsse, Landschaften und Länder ein.

❸
Ergänze die Angaben für Baden-Württemberg.

Einwohnerzahl _____ (im Jahr _____)
Landeshauptstadt _____
höchster Berg _____ m
„Schwäbischer Fluss" _____
„Schwäbisches Meer" _____

❹
Bestimme mithilfe der Maßstabsleiste.

a) die größte N-S-Ausdehnung (vom Main bis zum Bodensee) _____ km

b) die größte W-O-Ausdehnung (vom Rhein bis zur Iller) _____ km

c) die ungefähre Lage des Rheins vom Bodensee bis Mannheim _____

Topographie Baden-Württemberg 2

❺
Löse das Rätsel.

1. Stadt 40 km nördlich von Stuttgart
2. vulkanische Erscheinung im Oberrhein. Tiefland
3. nördlicher Grenzfluss
4. Mittelgebirge, das nach Hessen nineinreicht
5. Dreiländerdreieck- D - F - ...
6. Landschaft mit viel Milchwirtschaft
7. höchster Berg der Schwäbischen Alb
8. östliches Nachbar bundesland
9. Großstadt
10. erster Teil des Namens einer Doppelstadt
11. Kreisstadt des Ostalbkreises
12. Grenzfluss zu Bayern
13. Stadt am Bodensee
14. Landschaft zwischen Donau und Bodensee
15. Gegend im Nordosten
16. In ... und um ... und um ... herum.
17. rechter Nebenfluss des Neckars
18. Stadt an der deutsch-französischen Grenze
19. Nachbargebirge des Schwarzwaldes

Lösungswort: _____

❻
Flug über Baden-Württemberg

Starte in Karlsruhe. Fliege ungefähr 50 km nach Norden. Du kommst nach _____ _____. Nun geht es 165 km nach Südost. Dabei überquerst du den Fluss _____ und das Mittelgebirge _____. Du bist in _____.

Der Weiterflug führt dich nach Süden. In der Ferne siehst du die _____. An der Staatsgrenze zu _____ biegst du nach Westen ab. Über den _____ und entlang des _____ kommst du nach _____, eine Stadt in der Schweiz.

Nach Nordosten fliegst du über den _____ zum größten Flughafen von Baden-Württemberg in _____ - _____.

❼
Klebe die drei stummen Kartenausschnitte vom Ausschneidebogen ein und bestimme die Städte, Flüsse, Landschaften und Länder.

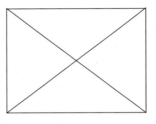

A _____
B _____
1 _____
2 _____
g _____

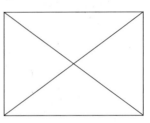

A _____
1 _____
2 _____
I _____
II _____

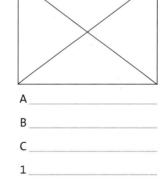

A _____
B _____
C _____
1 _____
I _____
II _____

TERRA Arbeitsheft
Baden-Württemberg Gymnasium 5 ISBN 3-623-27815-7

A 18

© Justus Perthes Verlag Gotha GmbH, 2001.

Ein Dorf verändert sich

❶
Vergleiche die beiden Bilder und schreibe in Stichworten auf, wie sich das Dorf verändert hat.

❷
Überlege dir auch, wie ein Bewohner des Dorfes diese Veränderungen bewertet.

Leben in Stadt und Land

❶
Arbeite mit dem Stadtpuzzle.
a) Gestalte die Abbildung farbig.
b) Beschrifte die Legende und klebe die Fotos aus dem Ausschneidebogen richtig in die Rahmen ein.

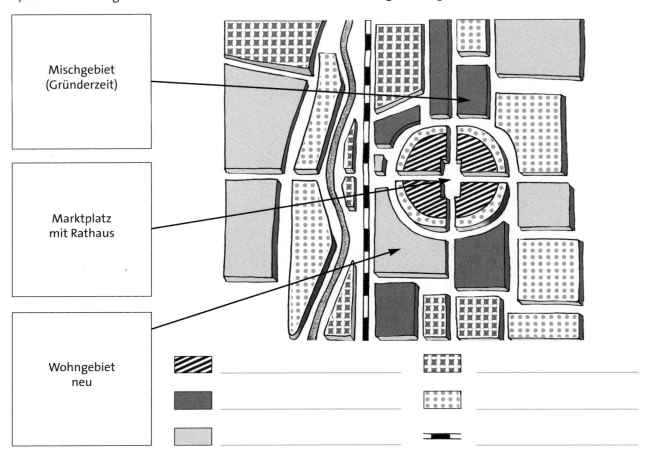

❷
Das Leben in der Stadt unterscheidet sich von dem auf dem Land. Trage in die Tabelle Kennzeichen für das Leben in Dorf und Stadt ein.

Stadt	Land

Vom Luftbild zur Kartenskizze

❶
Schneide das Luftbild von Bietigheim-Bissingen aus dem Ausschneidebogen aus und klebe es hier ein. Auf dem Bild kannst du verschiedenen Nutzungsformen erkennen.
Erstelle zu der Kartenskizze eine Legende und färbe die Karte entsprechend ein.

Siehe Ausschneidebogen

☐ Altstadt ☐ Industriegebiet ☐ Landwirtschaft

☐ Wohngebiet ☐ Wald ☐ Verkehrswege

☐ Mischgebiet ☐ Sport/Freizeit ☐ Fluss

TERRA Arbeitsheft
Baden-Württemberg Gymnasium 5 ISBN 3-623-27815-7

© Justus Perthes Verlag Gotha GmbH, 2001.

Landeshauptstadt Stuttgart

❶
Wichtige Einrichtungen der Landeshauptstadt. Ordne der Gedankenkarte (Mind map) folgende Einrichtungen zu.
Banken, Bosch, Daimler-Chrysler, Hotels, IBM, Landesregierung, Versicherungen, Landtag, Planetarium, Wilhelma, Kaufhäuser, Ministerien, Staatsgalerie, Wetteramt, Schauspielhaus, Porsche.

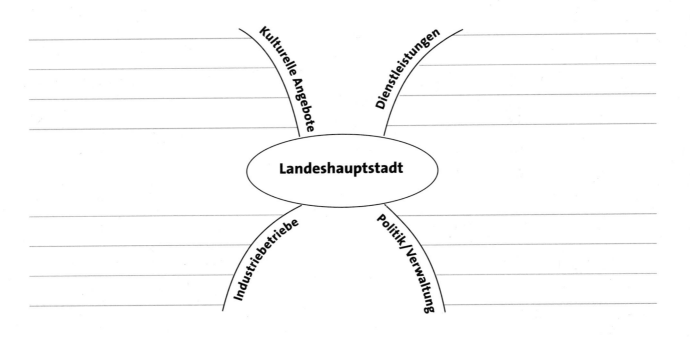

❷
Löse das Rätsel zur Landeshauptstadt Stuttgart.

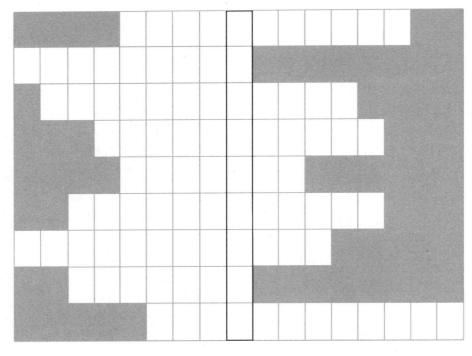

1. höchstes Gebäude

2. großes Fest auf den Cannstatter Wiesen

3. Völkerkundemuseum

4. dort kann man in den Weltraum schauen

5. hier tagen die Volksvertreter

6. von diesem Garten hat die Landeshauptstadt ihren Namen

7. so heißt die Einkaufsstraße der Stadt

8. berühmter Sohn der Stadt mit dem Vornamen Gottlieb

9. Stuttgarts Flughafen liegt in ...

Großstädte und Verdichtungsräume

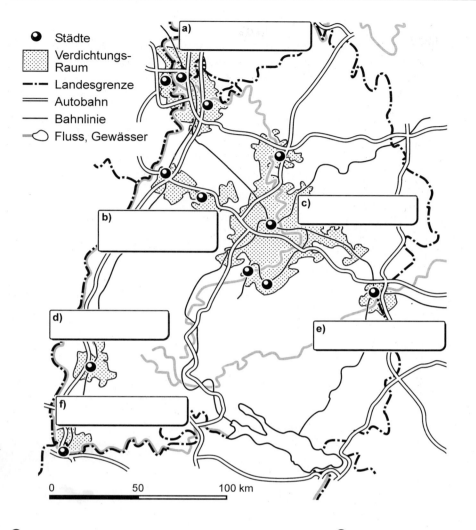

❶
a) Gestalte die Karte farbig. Verdichtungsräume und Grenzen (rot), Autobahnen (gelb), Bahnlinien (schwarz), Flüsse und Gewässer (blau).
b) Benenne die Verdichtungsräume.
c) Was ist allen Verdichtungsräumen gemeinsam?

_____
_____
_____
_____
_____
_____
_____
_____
_____
_____

❷
Nenne Merkmale für den ländlichen Raum und den Verdichtungsraum.

(Verdichtungsraum — ländlicher Raum)

❸
Was gehört zusammen? Das Lösungswort zeigt dir, ob du richtig gearbeitet hast.

Verdichtungs	• leistungen	ß
Bevölkerungs	• stadt	O
Landeshaupt	• gebiet	S
Dienst	• raum	G
Einzugs	• angebot	D
Technologie	• fläche	E
Automobil	• plätze	T
Freizeit	• fabrik	T
Arbeits	• industrie	Ä
Grün	• dichte	R

Lösungswort: G _ _ _ _ _ _ _ _ _

TERRA Arbeitsheft
Baden-Württemberg Gymnasium 5 ISBN 3-623-27815-7

A 23

© Justus Perthes Verlag Gotha GmbH, 2001.

Automobilbau und Industriezweige

❶
Zur Herstellung eines Autos benötigt man viele Einzelteile. Welche Industriezweige sind daran beteiligt? Vervollständige die Angaben.

Scheiben/ _____   Stoffsitze/ _____

　　　　　Radio/ _____

Kunststoffteile/ _____   Farbe/ _____

Motoröl/ _____   Lampen/ _____

　　　　　Bleche/ _____

Armaturen-Instrumente/ _____   _____ /Chemieindustrie

❷
Wie entsteht ein Auto? Schreibe zu jedem Produktionsschritt mindestens einen Satz auf.

Presswerk	**Karosserie-Rohbau**	**Lackiererei**
Montage	**Endmontage**	**Schlusskontrolle**

TERRA Arbeitsheft
Baden-Württemberg Gymnasium 5 ISBN 3-623-27815-7

A 24

© Justus Perthes Verlag Gotha GmbH, 2001.